England

Klassische Reiseziele

Klassische Bauwerke in London 17.–19. Jahrhundert

Ornella Selvafolta

Atlantis

Ins Deutsche übertragen von
Thomas Frank

Redaktion
Dr. Dieter Struss

Titel der Originalausgabe
Londra classica e neoclassica

Herausgeber der Reihe
Silvio Locatelli und Marcella Boroli

Lizenzausgabe 1989 für
Manfred Pawlak Verlagsgesellschaft mbH, Herrsching

Printed in Italy, New Interlitho S. p. a. – Trezzano
ISBN 3-88199-547-1

Die Kontinuität der Antike

»Klassizistische und neoklassizistische Bauten in London«: hinter diesem Thema verbirgt sich ein langer, mehr als zweihundert Jahre währender Zeitraum, der das 17., 18. und beginnende 19. Jahrhundert einschließt. Diese ereignisreiche Epoche sah tiefgreifende Veränderungen und Neuerungen, oftmals radikale Brüche mit der Vergangenheit. In London wurde eine größtenteils noch feudal geprägte Kultur von frühindustriellen Lebensformen abgelöst, während sich die enge und überschaubare mittelalterliche City in eine schon damals in Nebel und Dampfschwaden gehüllte Metropole verwandelte, die sich unaufhaltsam im umliegenden Land ausdehnte.

Zwei Jahrhunderte städtischer Entwicklung wären kaum in kurzer Form darstellbar, nähme man nicht einen nützlichen Kunstgriff zu Hilfe, den schon John Summerson in seinem Buch »Georgian London« angewandt hat. Wenn man sich nämlich die Stadt aus der Vogelperspektive vorstellt, gelingt es, das Anwachsen der Bebauung vor dem geistigen Auge zu beschleunigen und sich auf einen Blick einen Gesamteindruck von der Dynamik der städtischen Entwicklung zu verschaffen. Die Stadt erscheint als ein in ständigem Wandel begriffener Organismus, dessen Wachstumsphasen, wie im Zeitraffer, deutlich erkennbar werden.

Die von Summerson wiedergegebene Bilderfolge beginnt mit dem Jahr 1615. London stellt sich als Gewirr spitzer Dächer und enger Gassen dar. Im Süden stößt die Stadt an die Themse, die sich ihren Weg in weiten Biegungen durch Wiesen und Sümpfe sucht. Während das Bild der City zwanzig Jahre später fast unverändert ist, zeichnet sich Richtung Westen ein Wandel ab: neu in der traditionellen Stadttopographie sind die beiden rechteckigen, von regelmäßigen Gebäudereihen umgebenen Plätze Covent Garden und Lincoln's Inn Fields. Sie werden zum Ausgangspunkt einer Expansionsbewegung, die sich in den nächsten zwei Jahrhunderten ohne Unterbrechung fortsetzen wird. Rauch und Feuerschein des großen Brandes von 1666 verleihen der Stadtansicht jenes Jahres einen dramatischen Anstrich. Der größte Teil der alten Stadt mit ihren eng zusammenstehenden Holzhäusern wird ein leichtes Opfer der Flammen, die sich zwischen Dächergruppen und vorspringenden Balken ungehindert ausbreiten können. Nach diesen Momenten der Verzweiflung und Zerstörung belebt sich die Szene bald durch intensive Wiederaufbaumaßnahmen. In großer Eile werden die Baustellen eingerichtet, doch in der Vielzahl der überall emporwachsenden Gerüste dominiert der Neubau der Kathedrale St. Paul, deren Silhouette von nun an optischer Mittelpunkt des Stadtbilds sein wird. In den folgenden Jahren schreiten die Veränderungen schnell fort. Neue Straßen Richtung Osten, Westen und Norden entstehen und verbinden sich mit den alten Gassen zu wichtigen Verkehrsachsen, die den Zugang zum Zentrum ermöglichen. Außerhalb der City bildet sich ein Netz regelmäßiger Kreuzungen, die von planvoll angelegten Gebäudereihen begrenzt werden. Richtung Westen diktiert die Präsenz des königlichen Hofs neue Normen für die Gestaltung der Bauwerke sowie der weiten Grünflächen, von denen die alten, nun in elegante Residenzen verwandelten Feudalsitze umgeben waren.

Nach der Mitte des 18. Jahrhunderts wurde auch die Themse in die Stadtentwicklung einbezogen. Es entstanden drei neue Brücken, und die ungeordnete Folge von kleinen Anlegestellen, Molen, Kaimauern und mittelalterlichen Häusern wurde von zwei neuen, in Ziegeln und Stein errichteten Komplexen verdrängt: dem Adelphi und dem Somerset House, deren am Ufer gelegene, arkadengestützte Terrassen den ersten Versuch einer Flußregulierung darstellen. Um die Themse kreisten auch die Aktivitäten eines neuen London, dessen Einfluß- und Interessengebiet sich von Nordamerika bis zu den Häfen Asiens erstreckte. So waren die zu Beginn des 19. Jahrhunderts an den Flußufern erbauten Magazine notwendige Ausrüstung einer Stadt, die in der Zwischenzeit zum größten Warenlager und Verteilungszentrum der Welt geworden war. In den neuerschlossenen Gebieten Richtung Osten siedelten sich dagegen eher die niedrigeren Bevölkerungsschichten an. Um die Keramikfabriken von Lambeth, die Gerbereien und die unablässig qualmenden Brennereinen entstanden ärmliche Arbeiterviertel. Die endlosen Häuserreihen wurden in großer Eile und mit möglichst geringem Kostenaufwand gebaut. Ein Gegengewicht zu diesem trostlosen Einerlei bildet, am anderen Ende der Stadt, eines der bedeutendsten und schönsten Ensembles des 19. Jahrhunderts: der im Norden vom Regent's Park, im Süden vom St. James Park begrenzte Straßenzug Regent Street mit seinen weißen Stuckfassaden, die mit fortschreitendem Abriß des Altbestands zusehends die Szenerie beherrschen. Damit befinden wir uns im zweiten Jahrzehnt des 19. Jahrhunderts. Buckingham Palace, die neue königliche Residenz mit dem Flair klassischer Erhabenheit, steht symbolisch für eine Stadt, die sich ihrer Rolle als Hauptstadt bewußt ist und sich anschickt, eine moderne Metropole zu werden.

Doch über den Aspekt eines zwei Jahrhunderte währenden Wachstums und Wandels hinaus gibt unser Thema »Klassizistische und neoklassizistische Bauten in London« Anlaß zu weiterem Nachdenken. Denn es setzt ja voraus, daß sich eine stilistische Kontiniuität nachweisen läßt; es macht deutlich, daß sich eine geistige Einstellung entwickelt hat, die auf dem Bezug zur antiken Kultur gründet. Die Antike wurde als Hüterin ewiger Werte und jene geschichtliche Epoche verstanden, die am besten geeignet war, die Funkton eines Vorbilds und leitenden Beispiels zu übernehmen. Deshalb ist die städtische Entwicklung, wie sie bisher beschrieben wurde, nicht nur Schauplatz von Veränderungen, sondern schließt auch Faktoren der Kontinuität ein, deren Grundlage eine bewußte ästhetische Stellungnahme war. Der Entwicklung dieser Stilrichtung im Verlauf der zwei genannten Jahrunderte wollen wir am Beispiel der bedeutendsten architektonischen Leistungen Londons im folgenden nachgehen.

Inigo Jones und die Rückbesinnung auf Palladio

Am Ende der Ära Elisabeths I. (1603) wirkten verschiedene kulturelle Einflüsse auf die englische Architektur: der spätgotische Stil und örtliche mittelalterliche Traditionen mischten sich mit Dekorationen nach flämischem Geschmack und französischen oder italienischen Modellen, die durch eine relativ kleine Zahl von Texten bekannt geworden waren. Die klassische Tradition Italiens, die man über das antike Rom als Hauptquelle, aber auch durch die Vermittlung der Renaissance-Architektur kennengelernt hatte, war in diesem Zusammenhang nur eine von vielen Anregungen, die in einem wenig einheitlichen Repertoire von Darstellungsmitteln zur Anwendung kamen. Obwohl die Gelehrtenbibliotheken auch die Werke von Vitruv, Leon Battista Alberti, Serlio, Palladio und Vignola enthielten, hatten die meisten Architekten nur eine oberflächliche Kenntnis dieser Texte. Sie beschränkten sich auf die Durchsicht der Illustrationen, ohne zu einem wirklichen Verständnis der Grundprinzipien zu gelangen.

Daher kam es nicht selten vor, daß Architekturabhandlungen wahllos vom Baumeister an die Maurer zur Kopie der Abbildungen weitergegeben wurden. Ebenso häufig entwarf der Auftraggeber das Projekt selbst und ließ es dann mit Hilfe von Architekten oder Handwerksmeistern ausführen. Dieses Verfahren entsprach einer Bautätigkeit, die im wesentlichen auf praktischen, im Laufe der Jahrhunderte weitervermittelten Erfahrungen beruhte, jedoch nicht zu einer systematischen Aufarbeitung des Wissens und der Methodik gefunden hatte.

Man darf deshalb feststellen, daß der klassizistische Stil – nicht nur im Sinne einer ästhetischen Stellungnahme, sondern auch was die theoretische und praktische Aneignung seiner grundlegenden Kompositionsregeln betrifft – in England fast unvermittelt Fuß faßte. Er war deshalb ein Faktor der Neuerung, der Entdekkung, sein Auftreten Zeichen für eine fortschrittliche Haltung. Für diesen Neubeginn läßt sich ein präzises Datum angeben. Im Jahre 1615 wurde Inigo Jones von Charles I. zum Oberaufseher über die königlichen Bauten ernannt. Aufgabe dieses Amts war die Betreuung der vom König und seinem Hof regelmäßig benutzten Residenzgebäude und die Durchsetzung der für die Bautätigkeit geltenden Regelungen: diese Kompetenzen boten zwar große Arbeitsmöglichkeiten, wären aber für sich allein genommen noch keine aureichende Erklärung für den Beginn des Klassizismus in London. Setzt man sie aber zur Persönlichkeit des Amtsinhabers in Beziehung, so bekommen sie weit größeres Gewicht.

Im Vergleich zu seinen Zeitgenossen war Inigo Jones ein Architekt von ungewöhnlicher Bildung. Die Kunst des Zeichnens hatte er während eines Italien-Aufenthalts zu Beginn des Jahrhunderts erlernt. Nach England zurückgekehrt, wurde er Bühnenbildner am Hof und arbeitete für Feste und Theatervorführungen. Diese Tätigkeit gestattete ihm, die Methoden der Perspektive und die Bühnentechniken, die er sich in Italien angeeignet hatte, einzusetzen. Er entwarf Bühnenbilder, in denen Elemente des klassischen Repertoires in genauer Raumaufteilung angeordnet waren. Die Zeichnung galt ihm nicht mehr als handwerkliche Übung, sondern als universales Instrument der Übermittlung von Ideen. Zwischen 1613 und 1614 machte Jones eine zweite Italien-Reise als Begleiter einer Gruppe englischer Adeliger, denen er die antiken Denkmäler und die Renaissance-Architektur nahebringen sollte. Von Mailand, Padua und Venedig gelangte die Gesellschaft bis Rom und Neapel, wobei sie einer programmatischen Reiseroute nach dem Beispiel der »Quattro libri dell' architettura« (1570) von Andrea Palladio folgte. Von dieser Reise nahm der Brauch des *Grand Tour* seinen Ausgang, später fester Bestandteil in der Erziehung des englischen Adeligen. Eigentlich geht die Tradition dieser Reisen auf den Kontinent schon auf das 16. Jahrhundert zurück. Doch während sich in jener Zeit vorwiegend militärisch Interessierte auf den Weg machten – denn nur auf dem europäischen Festland konnte man etwas über Verteidigungssysteme, Belagerungstechniken und neue Kriegsstrategien erfahren –, wurden diese Fahrten nun zur regelrechten kulturellen Initiation. Diese »Reiseerinnerung«, die man nach Hause brachte, dienten wiederum als Ausgangspunkt für Erneuerungsversuche und Korrekturen am ästhetischen Geschmack.

Von Fall zu Fall notierte Jones in den Büchern des Palladio, die er als Führer zu den Baudenkmälern benutzte, seine aus eigener Anschauung gewonnenen Eindrücke. Diese kurzen Bemerkungen zeugen von seinem Interesse für die korrekte Verwendung der Formensprache der klassischen Architektur, für Maße und Proportionen, für die Kunstmittel der Dekoration und die allgemeineren Kompositionsprinzipien. Die daraus abgeleitete Theorie verstand er als Möglichkeit, auf die Anforderungen seiner Zeit eine flexible, aber auf gründlichen Studien und strenger Objektivität beruhende Antwort zu finden. In der Tat erscheint das erste Werk, das Jones nach seiner zweiten Rückkehr nach England geschaffen hat, die theoretischen und praktischen Grundsätze der Ausdrucksformen Palladios zusammenzufassen. Es wirkt damit wie eine programmatische Absichtsäußerung. Das zwischen 1616 und 1635 errichtete Queen's House in Greenwich, ein organischer Bau von symmetrischer Geschlossenheit, lehnt sich an das Vorbild der Villen des Veneto an. Die architektonisch einwandfrei gestalteten Wandflächen bestehen im Erdgeschoß aus glattem Bossenwerk und sind im Obergeschoß verputzt. Queen's House drückt einen bis dahin nie gekannten Sinn für strenge Maße aus; mit Erfolg bemühte sich Jones, solide, einfache und nach den Regeln der Kunst proportionierte Gebäude zu schaffen.

Das seinerzeit als merkwürdige Erfindung bezeichnete Queen's House war somit ein architektonischer Neuansatz, dessen innovative Wirkung durch den ungewöhnlichen Grundriß noch verstärkt wurde. Es hat die Form eines Quadrats, das durch einen Weg in zwei – im Obergeschoß verbundene – Hälften geteilt wird. Neues bietet auch der Innenraum: die bis dahin übliche, eher zufällige Anordnung der Zimmer wich einem symmetrischen System. Ferner wurde nach den Normen des Palladio die *cubic hall* eingeführt, ein zentraler kubischer Raum, der sich in der Folge als grundlegendes Kompositionselement der im klassischen Geschmack gebauten englischen Villen durchsetzte. Freier ging Jones bei der Dekoration der Innenräume vor. Dort finden sich prunkvolle, aber in klar geformten Rahmungen entwickelte Blumenornamente. In gewissem Sinne zeugen diese beiden ästhetischen Ausdrucksebenen von einem zugrundeliegenden Gegensatz zwischen der lokalen Tradition der Ausschmükkung und der vom Klassiszismus eingeleiteten Rückbesinnung auf die Ordnung. Jones hat diesen Widerspruch akzeptiert und theoretisch zu fassen versucht. So schrieb er, daß ein Gebäude einem Edelmann zu vergleichen sei, der sich in der Öffentlichkeit mit großer Würde beträgt, innerlich aber den Wallungen seiner Phantasie freien Lauf läßt.

Würde nach außen und Phantasie im Innern sind auch für ein anderes gleichzeitiges Werk von Jones charakteristisch, das Banqueting House. Es entstand zwischen 1619 und 1622 in Whitehall und sollte festlichen Veranstaltungen und Banketten des Hofes dienen. Man benötigte also einen großen Innenraum, eine Form, die an das von Vitruv überlieferte und von Palladio neu interpretierte Vorbild der römischen Basilika unmittelbar anknüpft. Es handelte sich demnach um ein klassisches Thema im wahrsten Sinne des Wortes, das Jones zudem die Möglichkeit bot, die früher für die Bühne in Pappmaché entworfenen Figurenarrangements in Stein zu übertragen. Das Ergebnis war ein höfischer Palast mit einem Sockel in Bossenwerk, zwei von übereinanderliegenden Säulenordnungen gegliederten Obergeschossen und einem Attika-Geschoß als krönendem Abschluß: für London in jener Zeit eine weitere sensationelle Neuerung. Hinzu kam der vielgerühmte, von ionischen Halbsäulen und Wandpfeilern strukturierte Innenraum mit den wertvollen Dekkengemälden von Peter Paul Rubens.

Fruchtbareren Boden noch als im höfischen Bereich fand der von Jones ausgehende Impuls bei den städtischen Wohngebäuden. Der duch Generationen von Zimmerleuten und Maurern geschaffene Baubestand zeigte architektonische Originalität höchstens in der hervorragenden handwerklichen Qualität von Einzelwerken, in merkwürdigen Dekorationen oder der eigenwilligen Verwendung der Materialien. Für Jones bot sich eine Gelegenheit mit der Anlage des Platzes Covent Garden (1650) auf Initiative des Herzogs von Bedford. Der Herzog hatte vom König das Privileg erhalten, auf seinen Besitzungen zum Verkauf bestimme Wohnhäuser zu errichten – eine für die spätere Expansion der Stadt bezeichnende Vorgehensweise. Im Fall von Covent Garden wurde die Genehmigung unter der Bedingung erteilt, daß das Projekt den ästhetischen Ansprüchen genügte und von Jones als königlichem Architekten beaufsichtigt wurde.

Der auf zwei Seiten von einheitlichen Häuserreihen, außerdem vom Park des Herzogs von Bedford und einer neuen Kirche (St. Paul's) umschlossene, quadratische Platz war tatsächlich ein höchst eindrucksvolles Vorhaben: mit ihm wurden in England erstmals die kulturellen Ideale der Reanaissance verwirklicht. Die im italienischen Stil gehaltenen Häuserfronten werden von regelmäßigen Arkaden gegliedert und weisen ausschließlich Schmukkelemente auf, die der Kanon der klassichen Regeln zuläßt. Doch erst mit dem Lindsey House in Lincoln's Inn Fields (1640) – ebenfalls ein privates Wohnungsbauprojekt – vollendete Jones die neue Form des Stadthauses. Die Gestaltung der Fassade wurde durch Betonung ihrer wesentlichen Bestandteile vereinfacht: über einem Grundgeschoß erhob sich eine zwei Obergeschosse umfassende Kolossalordnung. Damit war eine Typologie gefunden, die sich sowohl, unter wirtschaftlich-konstruktiven Gesichtspunkten, für die Wiederverwendung als auch, auf ästhetisch-symbolischer Ebene, zu Repräsentationszwecken eignete. Deshalb stellt das Linsey House ein Modell dar (es ist kaum ein Zufall, daß das hundert Jahre später gebaute Nachbarhaus als genaue Kopie konzipiert wurde), das den Grundsätzen der neuen Ästhetik in der Stadtarchitektur zum Durchbruch verhalf und die für mehr als zwei Jahrhunderte gültigen baulichen Normen bestimmte.

Christopher Wren und der Klassizismus des 17. Jahrhunderts

Obwohl mit dem Ende der Regierung Charles' I. auch für Jones der berufliche Erfolg ein Ende hatte, sollten seine Werke doch einen fortwährenden Einfluß ausüben. Sein Beispiel wirkte wie eine versteckte, aber allgegenwärtige Strömung auf die wichtigsten Arbeiten der zweiten Hälfte des 17. Jahrhunderts. So konnte Hugh May, unter Charles II. Schatzmeister der königlichen Bauaufsichtsbehörde und einer der aktivsten Architekten seiner Zeit, die Kontinuität des Klassizismus auf dem von Jones schon vorbereiteten Boden sichern. Die unter holländischem Einfluß, mit dem May während eines Aufenthalts in den Niederlanden in Berührung gekommen war, leicht modifizierten Regeln Palladios wurden bei einer Reihe von Adelspalästen angewandt. Dort verband sich die typisch nordische Kombination von weißem Stein und rotem Ziegel in harmonischen Kompositionen, deren Symetrie durch den Farbkontrast hervortretender Säulen, Gesimse und Giebel besonders zur Geltung kam.

Neben der Erneuerung des künstlerischen Geschmacks ist dem Einfluß Jones' auch ein Wandel im Berufsbild des Architekten zu verdanken. Durch die Bedeutung einer in Theorie und Praxis exakten Methodik, die nun als Forschungsprogramm verstanden wurde, konnte sich der Architekt von rein technischen Aufgaben abwenden und gelangte zu neuem wissenschaftlichen Ansehen. So erklärt es sich, daß die Generation der wichtigsten Architekten des späten 17. Jahrhunderts nicht mehr den anonymen Reihen der handwerklich geschulten Baumeister, sondern der Welt der

Künstler, Literaten, adligen Gelehrten und Wissenschaftler entstammte.

Zur letztgenannten Kategorie gehörte Christopher Wren, Inhaber eines Lehrstuhls für Astronomie. Er hatte sich mit den Theorien Keplers und Newtons befaßt, konstruierte meteorologische Instrumente, entwarf hydraulische Apparate und war Erfinder neuer graphischer Verfahren. Wren war wie Jones durch Europa gereist. Vor allem in Paris hatte er sich aufgehalten und mit Mansart und Le Vau, den Hauptvertretern des französischen Klassizismus, Kontakte geknüpft. Doch kannte er auch Gian Lorenzo Bernini und Guarino Guarini, deren unvoreingenommene Erfindungsgabe und Freude am technischen Experiment er bewunderte. Wrens große Stunde schlug nach dem Brand von 1666, durch den der größte Teil der City zerstört worden war. Die schnell in Angriff genommenen Wiederaufbauprogramme eröffneten Arbeitsmöglichkeiten in bis dahin nie gekanntem Ausmaß. Aus den noch rauchenden Ruinen des mittelalterlichen Stadtkerns, dem es mit seinen Fachwerkhäusern an Freiräumen gefehlt hatte, sollte eine moderne Stadt entstehen, deren Erscheinungsbild ihre wachsende wirtschaftliche und kulturelle Bedeutung widerspiegeln. Wren wollte ihr, nach seinen dem König vorgelegten Plänen, einen höfischen Anstrich verleihen. Grundlage hierfür war ein geometrisches System perspektivisch angelegter Achsen und sternförmiger Straßen, die auf die wichtigsten öffentlichen Gebäude zuliefen. Man gefiel sich in dem Gedanken, aus London eine Hauptstadt im klassischen Gewand nach dem Muster der großen Monumentalanlagen des euopäischen Kontinents zu machen.

Waren derartige Projekte für Regierungen denkbar, die sich die Unanfechtbarkeit und Allgegenwart einer absoluten Machtstellung auf die Fahnen geschrieben hatten, so stießen sie in London auf den Widerstand eines starken Stadtregiments und zahlreicher Privatinteressen, die auch die Monarchie nicht einfach übergehen konnte. Deshalb setzte sich eine Tendenz durch, nach der die Merkmale des früheren Stadtbilds beibehalten werden sollten. Allerdings wurden Straßenverlauf, Kanalisation und Wasserversorgung spürbar verbessert. Vor allem aber arbeitete man verbindliche Regeln aus, die als erster Versuch einer offiziellen Kontrolle der Bautätigkeit gelten können. Mit Vorschriften über die Verwendung von Stein und Ziegeln statt Holz und von zurückgesetzten Fenstern und Türen, mit dem Verbot von vorspringenden Überbauten und Beschränkungen der Gebäudehöhe je nach Straßenbreite wollte man in erster Linie der Gefahr weiterer Brände vorbeugen. Zugleich aber hatten diese Bestimmungen erhebliche Auswirkungen auf die architektonische Gestaltung der Stadt, denn sie legten erstmals Kriterien für einen Häusertyp fest, an die die späteren klassizistischen Projekte problemlos anknüpfen konnten.

Ferner sahen die Verordnungen den Wiederaufbau der wichtigsten öffentlichen Gebäude vor, zu denen die Börse, die Sitze der Berufsverbände und die Pfarreien zählten; Wren wurde zunächst im letztgenannten Bereich tätig. Im Jahre 1667 bekam er den Auftrag, einundfünfzig Kirchen wiederzuerrichten und die von der Feuersbrunst schwer beschädigte St. Paul's Kathedrale zu erneuern. Wren nahm dieses anspruchsvolle Programm zusammen mit einem großen Mitarbeiterstab in Angriff. Er selbst gab die allgemeinen Richtlinien vor, überließ aber den einzelnen Assistenten die Ausführung der Details: eine Methode, die zwangsläufig unterschiedliche Ergebnisse hervorbrachte, wobei auch die Notwendigkeit, sich im Einzelfall den topographischen Gegebenheiten anzupassen, eine Rolle spielte. So führte die Beschaffenheit des Baugrunds etwa bei den Kirchen St. Bride in Fleet Street (1670 – 1684) oder St. Mary-le-Bow in Cheapside (1670 – 1677) zu differenzierten baulichen Lösungen. Die sehr unterschiedlichen gestalterischen Akzente finden jedoch in den hohen, weithin sichtbaren Glockentürmen ein verbindendes Element. Hieran und an der Gestaltung der Innenräume zeigt sich Wrens Experimentierlust. Schmuckformen aus dem Repertoire der Klassik erscheinen neben vorromanischen und sogar gotischen Zitaten, Strukturelemente wie Bogen, Säulen oder Kuppeln vermischen sich mit Beiwerk wie Obelisken, Konsolen und Kandelabern. Daraus spricht eine schöpferische Kraft, die sich nicht aus der Nachahmung, sondern der originellen Verarbeitung älterer und zeitgenössischer Werke speiste.

Im Fall der St. Paul's Kathedrale stellte sich jedoch ein anderes Problem: es galt, ein im wahrsten Sinne des Wortes monumentales Bauwerk von Grund auf neu zu errichten, da die Reste des Vorgängerbaus nach dem Brand eingestürzt waren. Es sollte das Stadtbild in unmißverständlicher Weise beherrschen und in deutlicher Symbolik die Autorität der herrschenden Macht zum Ausdruck bringen. Man griff dabei auf den klassischen Stil zurück, denn dessen Formen wurden als zeitlos gültig betrachtet und vermochten die tradtitionelle Vorstellung von einer Kathedrale mit der Idee einer modernen Kultstätte in Einklang zu bringen. Mindestens drei Entwürfe waren notwendig, bis circa 1680 mit den Arbeiten an St. Paul's begonnen wurde. Während der dreißigjährigen, 1710 abgeschlossenen Bauzeit wurden weitere Veränderungen vorgenommen, um eine harmonischere Komposition zu erreichen. Hauptmerkmal ist die Kuppel, deren Durchmesser der Breite des Mittelschiffs entspricht. Ihr Entwurf geht höchstwahrscheinlich auf den durch Serlios Wiedergabe bekannten Rundtempel des Bramante in S. Petro in Montorio in Rom zurück. Mit ihrem Ring von zweiunddreißig Säulen – wobei jeder vierte Zwischenraum zur rhythmischen Auflockerung geschlossen wurde – ist die Kuppel jedoch keine Imitation, sondern eine geistreiche Weiterentwicklung eines berühmten Vorbilds.

Von ähnlichem Einfallsreichtum zeugen die Lösungen, die zur Bewältigung der zahllosen Konstruktionsprobleme in dem mächtigen Gebäude oder zur Aufteilung des von der Kuppel dominierten Raumes mit Hilfe neuartiger optischer Wirkungen entwickelt wurden. Die verschiedenen Bestandteile des Bauwerks wurden sorgfältig ausgearbeitet: der innere Tambour ist aus statischen Gründen, und um eine stärkere Wirkung der Aufwärtsbewegung zu erzielen, konisch geformt; die Innenkuppel schließt mit einer Öffnung ab, durch die Licht einfallen kann; die Laterne ruht auf einem zweiten, von Öffnungen durchbrochenen konischen Gewölbe, während eine dritte, bleiverkleidete Holzkuppel die äußere Gestalt bestimmt. Entspringen solche Kunstgriffe in erster Linie der wissenschaftlichen Ausbildung und Experimentierfreude Christopher Wrens, so kündigt sich hier zugleich eine Entwurfsmethodik an, die sich bei vielen seiner Nachfolger in ähnlicher Weise finden läßt.

Nicholas Hawksmoor und James Gibbs zum Beispiel, die den Bau der neuen Kirchen zu Beginn des 18. Jahrhunderts fortsetzten, konnten an Wrens Erfahrungen unmittelbar anknüpfen. Dies wird am freien Umgang mit den klassischen Stilmitteln erkennbar – so etwa in der Kirche St. Martin-in-the-Fields (1721 – 1726), wo Formen des klassischen Tempels neben vereinfachten Barockverzierungen erscheinen. Ein anderes Merkmal ist die Neigung zum Experiment bei der Zusammenstellung der Gebäudepartien: hier stieß man bis zu den Grenzen des kompositorischen

Gleichgewichts vor, wie es bei dem einzigartigen, aus übereinandergesetzten kubischen Räumen gebildeten Baukörper der Kirche St. Mary Woolnoth (1716 – 1727) der Fall ist. Jedenfalls läßt sich an beiden Architekten, wie auch an ihren Zeitgenossen Thomas Archer und John Vanbrugh, ein neues Engagement für die Forschung beobachten. Mit ihnen haben wir den Übergang zu einer neuen Phase der Architektur erreicht; sie ist im Zusammenhang mit einer umfassenderern Kulturdiskussion zu sehen.

Die Rückkehr zu Palladio: Vom Klassizismus zum Neoklassizismus

In seinem »Essay towards Preventing the Ruin of Great Britain« (Essay, um den Niedergang Großbritanniens vorzubeugen) von 1721 schrieb der irische Philosoph George Berkeley, daß Triumphbogen, Säulen und andere Monumente dieser Art in der Vergangenheit Antrieb zur Tugend gewesen seien und deshalb auf die Engländer des 18. Jahrhunderts dieselbe Wirkung wie früher auf Griechen und Römer ausüben könnten. Berkeley hebt die erziehende Funktion der Architektur hervor und weist auf die einschlägigen Verfahrensweisen in den Kunstwerken der Antike hin. Indirekt fordert er damit zur Nachahmung dieses Beispiels auf. Moralische Ansprüche, wie sie hier an den Beruf des Architekten geknüpft werden, äußerten die fortschrittlichsten Intellektuellen Englands häufig. Sie stehen im Zusammenhang mit der umfassenderen Ideologie der europäischen Aufklärung. Das Bemühen, für eine neue soziale und bürgerliche Ordnung neue architektonische Ausdrucksformen zu finden, ging von einer scharfen Polemik gegen die Barock-Kunst aus. Deren rhetorischer Formenreichtum wurde überdies mit der verhaßten Religionspolitik der römischen Gegenreformation in Verbindung gebracht. Colen Campbell attackierte die auffälligsten Ausdrucksmittel des Barock und Rokoko, den Hang dieser Stilrichtungen zu überbordender Ausschmückung und ihre Architekturkonzeption, die das Private und Intime in den Vordergrund rückte. Im Jahre 1715 veröffentlichte er den ersten Teil des dreibändigen »Vitruvius Britannicus«, eine Zusammenstellung von Abbildungen englischer Bauwerke, an denen, seiner Auffassung nach, die zeitlosen Werte des antiken Erbes sichtbar wurden. Als Vorbild galten Palladio und Inigo Jones, den die neuen Kritiker unter anderem auch als Garanten einer nationalen Kontinuität schätzten.

Campbell stand nicht allein. Ein Jahr später nahm der in England lebende venezianische Architekt Giacomo Leoni, in einer gehaltvollen englischen Übersetzung der »Quattro libri« des Palladio, seine Argumente wieder auf. Ein anderer Verfechter des palladianischen Klassizismus war Richard Boyle, dritter Earl of Burlington und typischer Vertreter jener Schicht von adligen Privatgelehrten, die zu den Vorreitern der neuen Architektur gehörten. Ihm ist es zu verdanken, daß die versteigerten Zeichnungen von Inigo Jones gesammelt und in einer prachtvollen Edition von William Kent veröffentlicht wurden. Das Modell der antiken Villen fand Verbreitung, Palladios Untersuchungen an den römischen Thermen wurden publiziert. Es setzt eine verlegerische Tätigkeit ein, durch die die neuen ästhetischen Anschauungen in weiten Kreisen des Bauhandwerks bekannt wurden, was sich schon daran ablesen läßt, daß nicht nur adlige Gelehrte, sondern auch Zimmerleute und Baumeister den »Vitruvius Britannicus« bestellten. Im Kreis um Lord Burlington wurde mit der systematischen Herstellung von Architekturhandbüchern begonnen, die den geläufigen Kunstgeschmack formen und dem allgemeinen Bedürfnis nach Kenntniserweiterung entgegenkommen sollten.

Der klassizistische Stil hatte somit beherrschenden Einfluß gewonnen. Neben der reichhaltigen Publizistik wirkten in diesem Sinne auch konkrete Beispiele, etwa eines der ersten von Lord Burlington verwirklichten Projekte. Das zwischen 1725 und 1736 neben einem schon bestehenden Wohnhaus in Chiswick errichtete Gebäude sollte seine Kunstsammlungen aufnehmen. Als Vorbild diente auch hier die Renaissance-Villa Venetiens mit ihrem symmetrischen Grundriß, dem Erdgeschoß in Bossenwerk und den verputzten Obergeschossen, deren Proportionen ein zentraler Portikus bestimmte. Auf dieser Basis schuf Burlingotn eine Art Idealzusammenstellung aus dem Musterkoffer der Renaissance-Architektur: dazu gehören der bis ins Detail den Modellen nachempfundene korinthische Hexastylportikus, Fenster in *Serliana*-Anordnung mit oder ohne Bogeneinfassung, Ädikulen und die achteckige Kuppel mit Thermenfenstern.

In der Villa von Chiswick wurde ein weiteres grundlegendes Anliegen der neoklassizistischen Architektur des 18. Jahrhunderts verwirklicht: gemeint ist der 1729 von William Kent entworfene Park. Kent, ein dem Earl of Burlington sehr nahestehender Maler und Architekt, schuf damit ein Paradebeispiel für den nach dem Vorbild der Natur konzipierten Landschaftsgarten. Hatte der Barock der absolutistischen Kultur schon in der Baukunst Ausdruck verliehen, so ebenso sehr dem europäischen Königs- oder Adelspark. In der strengen Geometrie, den großen Freiräumen und bis zum Horizont reichenden perspektivischen Ausblicken spiegelte sich das herrschende Machtverständnis wider, das die Natur in enge Kompositionsschemata zu zwängen versuchte. Die Gegenposition der Aufklärung ging von der ungehinderten Entfaltung der Naturkräfte aus und stellte die Unabhängigkeit des Denkens und Handelns mit der freien Gestaltung der Landschaft und dem Wirken des Menschen als Interpreten dieser Naturprinzipien in einen Zusammenhang. Im Falle Englands kann dieses Ideal auf den Einfluß der liberalen Literaten- und Philosophengeneration eines Daniel Defoe, Jonathan Swift oder Alexander Pope zurückgeführt werden, deren Sprachrohr die Zeitschrift »The Spectator« war. Schon 1712 kritisierte Joseph Addison in dieser Publikation den Zwang zu geometrischen Anlageformen. Er schrieb, daß die englischen Gartenbauer alles getan hätten, um sich so weit wie möglich von der Natur zu entfernen. »Unsere Bäume erheben sich als Kegel, Kugeln und Pyramiden. Wir sehen die Spur der Schere an jeder Pflanze, jedem Busch.« Wenige Monate danach stieß Pope, der später, 1719, mit programmatischer Zielsetzung einen Landschaftsgarten für sein Haus in Twickenham entwarf, in dasselbe Horn. Er machte sich über die obligatorische Symmetrie in den französischen Parkanlagen lustig: »Hain liegt neben Hain, jede Allee hat einen Zwillingsbruder.«

In seinem »Essay on Criticism« von 1711 hatte Pope darüber hinaus die theoretischen und philosophischen Grundlagen für seine Auffassung geschaffen. Erforderlich sei, der Natur zu folgen (»First follow Nature«) und ihre ewigen Regeln zu entschleiern (»Nature methodised«). Als Insel einer solch methodisch geordneten Natur galt der Park von Chiswick. Seine Schönheit lag in der getreuen Imitation der – allerdings mit höchster Kunstfertigkeit nachgestellten – Unregelmäßigkeiten der Natur. Kurvige Wege, Baumgruppen, Teiche, Wasserläufe, Wiesen und Gehölze, in die man antikisierende Architekturelemente einbettete, sorgten für ungewöhnliche Raumwirkungen in einem erzählerischen Kontext, der vereinzelt erscheinende Bauten mit erstaunlicher Intensität zur Geltung brachte.

William Kent ist außerdem Schöpfer von zwei der größten öffentlichen Gebäude, die in der ersten Hälfte des 18. Jahrhunderts in London entstanden sind: das Treasury Office (1734) und Horse Guards, ein posthum nach seinen Entwürfen von John Vardy zwischen 1750 und 1785 ausgeführtes Projekt. Abwechselnd vor- und zurücktretende Baupartien und ein kreativ gestalteter Umriß tragen zu einer akzentreichen Komposition bei. Doch zeigen sich hier bereits die Grenzen eines Systems, das allen Anforderungen der Zeit unter Rückgriff auf die dafür nicht immer geeignete Formensprache der italienischen Renaissance zu begegnen suchte. Schon den Zeitgenossen erschien beispielsweise der Bogen des Mitteleingangs zu tief. William Hogarth hat dies mit bissigem Humor in einem Gemälde festgehalten. Dort ist die Ausfahrt eines Gespanns zu sehen, das von einem geköpften Kutscher gelenkt wird. Die Fenster in *Serliana*-Form waren als Lichtquelle für relativ kleine Räume im Grunde überdimensioniert, worüber sich Alexander Pope mokierte. Ihn störten die stolzen Snobs, die eine Erkältung in Kauf nahmen, nur um mit modischen Fenstern prahlen zu können.

Eine glücklichere Hand als bei der Lösung funktionaler Probleme bewies Kent bei der Innenausstattung. Wenn es darum ging, einen repräsentativen, oft prunkvollen Rahmen für gesellschaftliche Veranstaltungen zu schaffen, kam ihm seine ursprüngliche Ausbildung als Maler und Stukkateur zugute. Die Eingangshalle des zwischen 1742 und 1744 für Lady Isabella Finch gebauten Hauses am Berkeley Square mit der von ionischen Säulen gestützten Treppe in einem elliptischen Raum ist ein Wendepunkt der Innenraumgestaltung. Denn hier wurde versucht, die aus Adelsresidenzen bekannte Prachtentfaltung in ein Stadthaus zu übertragen und den häuslichen Bereich als Erweiterung der repräsentativen Räume zu behandeln. Kents Tätigkeit fällt in eine Zeit, in der der höfische und hauptstädtiche Charakter Londons, seinem Rang als Mittelpunkt eines Weltreichs entsprechend, durch Neubau und Renovierung öffentlicher Gebäude immer stärker betont wurde. Man regelte das Wachstum der Stadt durch strengere Kontrollen und zog neue Straßen, die nicht nur als Verkehrsverbindungen, sondern auch als Kulissen des neuen Prestiges gedacht waren. Auf all diese Unternehmungen übte der klassizistiche Stil unangefochten, wenn auch nicht ausschließlich, seinen beherrschenden Einfluß aus.

Die Hauptvertreter des Neoklassizismus in London

Als man um 1740 begann, das größtenteils noch unerforschte Erbe der antiken Mutterländer im Mittelmeerraum zu sondieren, erfuhr die Konzeption des Klassischen eine beträchtliche Horizonterweiterung. Eine als Wissenschaft verstandene Archäologie stellte nun das Instrumentarium zur Überprüfung der bisherigen Modelle bereit. Die mit ihren Quellen direkt konfrontierten Gelehrten hatten sich mit neuen Problemen der Messung, Interpretation und des Materialvergleichs auseinanderzusetzen.

Zugleich wandelten sich die Reisegewohnheiten. Aus dem Besuch auf dem Kontinent wurde eine regelrechte Studienfahrt, bei der man verpflichtet war, sich mit den Ausgrabungen zu beschäftigen, genaue Erhebungen vorzunehmen, die Topographie der Grabungsgebiete zu bestimmen und die Funde mit ganz neuer Präzision zu katalogisieren. Die Ausgrabungen in Herkulaneum und Pompeji, römische Funde in Dalmatien, Untersuchungen in Athen und in der Magna Graecia förderten ungeahnte Reichtümer ans Tageslicht. Das unterirdische Rom, wo man systematisch nachzuforschen begann, war nach wie vor eine unerschöpfliche Fundgrube.

Die zunehmende Forschungstätigkeit und das schnelle Anwachsen des Quellenbestands, über den eine eifrige Publizistik regelmäßig berichtete, gestatteten die kritische Revision des Bildes von der Antike und vor allem die Korrektur der Interpretation des klassischen Altertums durch die Reanaissance. Man lernte die reale Gestalt der neu entdeckten Denkmäler aus unmittelbarer Anschauung kennen und verstehen, man stellte fest, daß auch die römische Kunst im Laufe ihrer Entwicklung verschiedene Einflüsse in sich aufgenommen hatte. Dadurch war bewiesen, daß von einer Welt ewig beständiger Idealmodelle nicht die Rede sein konnte; somit bestand nun die Möglichkeit, die Formensprache der Architektur um neue Ausdrucksmittel zu bereichern. Nicht von ungefähr fanden die beiden wichtigsten Architekten der zweiten Hälfte des 18. Jahrhunderts, William Chambers und Robert Adam, jeder auf seine Art, zu einer künstlerischen Freiheit, die den Rahmen strenger programmatischer Vorgaben verläßt. Beide verfügen von Haus aus über finanzielle Sicherheiten und eine gründliche Bildung. Entscheidend für ihren Weg als Architekten waren ausgedehnte Reisen, durch die sie an den interessantesten kulturellen Strömungen ihrer Zeit aktiv Anteil nehmen konnten.

Chambers hatte nach einem damals fast schon zur Pflichtübung gewordenen Rom-Aufenthalt eine lange Lehrzeit in Paris absolviert und sich anschießend auf eine alles andere als übliche Reise nach China begeben. Waren der Hang zum Weltbürgertum und die Neugier an exotischen Kulturen für die Aufklärung des 18. Jahrhunderts typisch, so verkörperte Chambers doch ebensosehr den perfekten Akademiker und profunden Kenner der Klassik in all ihren Äußerungen. In seinem »Treatise of Civil Architecture« (Abhandlung über bürgerliche Architektur) (1759), dem Prototyp der englischen Architekturabhandlung, diskutierte er mit großer Sachkenntnis die korrekte Verwendung der Säulenordnungen. Dabei bezog er auch die italienischen und französischen Leistungen des 16. und 17. Jahrhunderts ein und setzte sich mit Sangallo, Bernini, Peruzzi, Lescot und Delorme auseinander.

Einer der eindrucksvollsten Aufträge, die ihm im London des späten 18. Jahrhunderts übertragen wurden, war der Bau von Somerset House, einem neuen Sitz für wichtige Behörden und die angesehensten Kulturvereinigungen. Es handelte sich also um ein öffentliches Gebäude, in dem die Verwaltung der Marine, die Royal Society, die Royal Academy und die Gesellschaft der Altertumsforscher nicht nur Raum für ihre Tätigkeiten, sondern auch eine ihrer institutionellen Würde entsprechende Umgebung vorfinden sollten. Ungewöhnlich an der 1775 begonnenen Anlage ist der Kontrast zwischen der sehr langen Fassade am Themse-Ufer und der wesentlich kürzeren Front am Strand. Dazwischen liegen ein großer zentraler und zwei kleinere seitliche Innenhöfe. Das Gebäude weist damit mehrere Fronten auf, eine Linienführung, die die Horizontale betont, Schmalseiten, innere und äußere Fassaden, all dies beruht auf den Regeln des neopalladianischen Klassizismus, die um Anregungen aus der italienischen und französischen Renaissance erweitert wurden. Dem Gesamteindruck von Harmonie, Würde und technischer Brillanz, den die besonders im Innenraum hervorragend ausgeführten Details vermitteln, wirkt eine allzu kontrollierte, zu einer gewissen Starrheit führende akademische Gelehrsamkeit entgegen.

Davon war Chambers' Zeitgenosse Robert Adam weitgehend frei. Charakteristisch für ihn sind sehr persönliche Lösungen, für die er aus dem vierfältigen Repertoire vorhandener Modelle schöpfte. Adam hatte den Palast Diokletians in Split untersucht und seine Ergebnisse 1764 veröffentlicht. Diese Erfahrungen konnte er sich für die Entwicklung seines Stils ebenso zunutze machen wie seine engen Beziehungen zu Giovanni Battista Piranesi, den er in Rom kennengelernt hatte. In seinen Bildkompositionen zu Themen der Antike vereinigte der außerordentlich kreative Piranesi archäologisches Interesse mit einer hochentwickelten Interpretationsgabe und gelangte zu völlig neuartigen Zusammenstellungen der Formelemente. Daneben hinterließ er umfangreiche theoretische Arbeiten. Im Vorwort zu seinem Buch *Works in Architecture of Robert and James Adam* (erschienen in drei Bänden 1773, 1779 und 1822) sprach Robert Adam sich gegen akademische Strenge und für eine größere Ausdrucksfreiheit aus. Zusammen mit seinem Bruder und engen Mitarbeiter James schwebte ihm vor, einen Mittelweg zwischen den verschiedenen klassischen Bezugspunkten zu finden und deren gefestigte Traditionen durch Varianten zu bereichern, die zur Lösung von Einzelproblemen geeignet waren.

Dieser flexible Mittelweg erwies sich als erfolgreich. Auf gestalterischer Ebene war damit der Rückgriff auf die griechische, römische und etruskische Kunst, auf die Sprache Palladios und seiner Nachahmer, auf Errungenschaften des Klassizismus und das englische *picturesque movement* des 18. Jahrhunderts verbunden. Die Variantionsbreite in der Baustruktur wurde auch auf die Innenräume übertragen, die man als wesentlichen Bestandteil des Ganzen verstand; zudem konnte hier die Kreativität des Architekten besonders gut zur Geltung kommen. Individuell entworfene, mit Sorgfalt harmonisch verteilte Räume, die in lebhaften Farben ausgemalt und mit Reliefs von beeindruckender Vielfalt, Anmut und Leichte geschmückt waren, bildeten den Rahmen für das gesellschaftliche und private Leben in den wichtigsten Londoner Häusern aus jener Zeit.

Mit dem Namen Adam ist ein Ensemble verbunden, dem in der baulichen Entwicklung der Stadt besonderes Gewicht zukommt, da es unter typologischen wie funktionalen Gesichtspunkten überraschende Neuerungen zu bieten hat. Das am Themse-Ufer gelegene Wohngebäude Adelphi Building wurde von Robert Adam und seinen drei Brüdern – Architekten und Bauunternehmern zugleich – als ehrgeiziges Spekulationsobjekt geplant und ausgeführt. Da das Gelände ein deutliches Niveaugefälle zwischen den Wohnhäusern des Strand und dem Flußufer aufweist, entschloß man sich zu einer kühnen Lösung: an der Themse sollte eine Kaimaier als Basis für einen wahrscheinlich von den Ruinen des Diokletian-Palastes in Split inspirierten, monumentalen Bogengang entstehen. Dieser trug eine Terrasse, die auf dem Niveau der Straße lag, und darüber eine aus elf Gebäuden bestehende Front, die von zwei seitlichen Blöcken abgeschlossen wurde. Zur Einheitlichkeit der Komposition trugen im unteren Bereich die Arkaden bei, die außerdem als Zugang zu Warenlagern, Magazinen und unterirdischen Durchgängen dienten. Auf der Rückseite, zum Strand hin, lagen ebenfalls elf Gebäude. Originelle Merkmale dieses architektonischen Meisterwerks waren die Einbeziehung des Untergrunds, punktförmige Stützelemente und die funktionale Gliederung der verschiedenen Bauebenen. Die Monumentalwirkung der Anlage wurde durch fries- und Arabeskenverzierungen auf den Lisenen der Fassaden aufgelockert. Das Unternehmen war ein finanzieller Fehlschlag, denn der Verkauf der einzelnen Häuser kam nur schleppend in Gang, so daß die Brüder Adam den Bankrott riskierten.

Doch bleibt das architektonische Ergebnis davon unbeeinflußt. Das Adelphi Building trug den neuen Stil ins Herz der Stadt und beeinflußte den Geschmack der Zeitgenossen wie auch der späteren neoklassizistisschen Strömungen nachhaltig.

Adams Neigung zu gestalterischer Vielfalt zog in den Jahren um 1800 weite Kreise. Aus dem zunächst persönlichen Weg eines Architekten entwickelte sich ein System, das verschiedene Stilrichtungen in sich aufnahm. Auf diese Weise wurde der Neoklassizismus eine von mehreren möglichen architektonischen Formen, ein Baustil, der den verschiedensten Anforderungen gerecht werden konnte: den Zwecken des normalen Stadtausbaus diente er ebenso wie dem Repräsentationsbedürfnis staatlicher Stellen.

Charakteristisch für diesen Stil ist die Vorliebe für rationale Lösungen gegenüber willkürlichen Spielereien, die hierarchische Ordnung der Baupartien, die Klarheit der Raumaufteilung und die monumentale Gestaltung der Bauwerke – Merkmale, durch die er sich für Projekte im höfischen Bereich besonders empfahl. Eines der bemerkenswertesten Gebäude des beginnenden 19. Jahrhunderts ist die Bank of England. Sie wurde in mehreren Ansätzen (seit 1732) von George Sampson, Robert Taylor und schließlich John Soane errichtet. Soane schuf in sechsunddreißigjähriger Arbeit ein originelles Kunstwerk im neoklassizistischen Monumentalstil, der in Anklängen bereits romantisch empfunden ist. Von größtem Interesse sind in dieser Hinsicht die Innenräume. Die klassischen Bezüge reduzieren sich dort auf rein geometrische Formen, die einer einfachen, aber durch indirekten Lichteinfall wirkungsvollen Raumaufteilung einbeschrieben sind.

Bestimmte Teile des Bankgebäudes verraten einen Zusammenhang mit dem *revival* der griechischen Antike. Diese Strömung des Neoklassizismus war eine Folge des Aufbruchs der Archäologie und des weit verbreiteten Interesses für die hellenistische Welt (man denke etwa an die Ausgrabung des antiken Athen durch James Stuart und Nicholas Revett 1751 – 1754). Die von Soane mit dorischen Säulen versehene Eingangshalle der Bank of England gehört in diesen Kontext. Dabei erklärt sich die Vorliebe für Stilelemente des antiken Hellas sowohl aus ihrer bestechenden Form als auch aus ihrer beonderen Eignung, eine als Ursprung aller Kunst, Literatur, Mathematik und Philosophie betrachtete Kultur zu neuem Leben zu erwecken. So finden sich griechisch-neoklassizistische Säulengänge und Giebel in Bauwerken wie dem British Museum von Robert Smirke (1823 – 1847) und der National Gallery von William Wilkins (1832 – 1838). Decimus Burton nahm 1825 mit einer ionischen Kolonnade in Hyde Park Corner das Thema der freistehenden Säule mit Gebälk als Monumentaleingang auf.

Gleichzeitig intensivierte sich der Ausbau der Stadt. Meistens ergriff die Krone selbst die Initiative. Unter George IV., zwischen 1811 und 1830 zunächst Regent, dann König, begannen die Arbeiten an einem bedeutenden Bauvorhaben, das die Parzellierung königlicher Ländereiein in Marylebone und deren Verbindung mit den öffentlichen Einrichtungen von Whitehall durch eine neue Nord-Süd-Achse vorsah.

Schöpfer des Projekts war John Nash, ein Architekt, der eine eher pragmatische klassizistische Ausrichtung mit einem hochentwickelten Sinn für die Themen des *picturesque movement* verband. Darin macht sich seine langjährige Zusammenarbeit mit Humphrey Repton, einem der bekanntesten Landschaftsgärtner der Zeit, bemerkbar. Diese Einflüsse und Nashs großes berufliches Geschick lassen sich an der Gestaltung von Regent's Park, in den die neue Regent Street einmündete, und an der

Straßenführung deutlich ablesen; denn die vor allem von der Verteilung des Grundbesitzes diktierten realen Gegebenheiten mußten beim Bau der Straße berücksichtigt werden. Trotzdem war Nash ein wirklicher Neuerer, und in diesem Fall schuf er eines der gelungensten Werke, die das englische *town design* je hervorgebracht hat. Zwanzig Jahre zogen sich die Arbeiten hin. Der Gesamtkomplex bestand aus drei unterschiedlichen, aber organisch abgestimmten Teilbereichen: zwei von Wohnhäusern umschlossenen Parkanlagen im Norden und Süden und einer Verbindungsstraße. Dort boten die vom Widerstand der privaten Grundbesitzer erzwungenen Kurven, Biegungen, Umleitungen und Durchgänge zugleich die Möglichkeit, ungewöhnliche Raumwirkungen zu erzielen.

Der Straßenzug gliedert sich damit in eine Folge von Teilstücken. Geschwungene Fassaden betonen die Übergänge, die Ecken an den Kreuzungspunkten werden abgeschrägt oder von vortretenden Baupartien geschickt überspielt. Man hat beinahe den Eindruck, daß auf diese Weise das Bild eines Landschaftsgartens in Stein übersetzt wird: das Bauwerk wird zur Metapher für die natürliche Welt. Selbstverständlich trat in den Parkanlagen die Beziehung zwischen Architektur und Landschaft noch offener zutage. Dort finden sich geradlinig oder im Halbrund angeordnete Gebäudereihen und verstreute, zwischen Bäumen halb versteckte Villen. Die rhythmische Gliederung der Fassaden, der weiße Verputz und monumentale Elemente wie die großen Torbogen der verschiedenen Häusergruppen sind Merkmale einer klassichen Formensprache, die dem Ganzen ein eiheitliches Gesicht verleihen.

In diesem Fall bewies der neoklassizistiche Stil seine besondere Eignung für die Erfordernisse des Stadtausbaus. Die Wiederverwendbarkeit gleicher Elemente bot sinnvolle Lösungsmöglichkeiten für die wachsenden Probleme der Kontrolle und Wirtschaftlichkeit des Bauwesens. Der Bezug zu einer kulturellen Tradition, deren Autorität nicht in Frage stand, legte die Regeln für die Schaffung von künstlerisch hochwertigen, aber auch weiten Kreisen des Bürgertums zugänglichen Bauwerken fest.

Mit Nash kann die Phase, in der vom englischen Neoklassizismus erneuernde Impulse ausgingen, als abgeschlossen gelten. In seiner außerordentlich intensiven Tätigkeit als Architekt kamen viele verschiedene Aspekte der Baukunst zur Sprache. Sie reichen von der rationalen Deutung der Antike bis zur Teilnahme an den Entdeckungen der Archäologie, von der Suche nach einem Verhältnis zur Natur bis zur »romantischen« Idealisierung der griechischen und römischen Welt, sie umfassen das Interesse für exotische Kulturen und die Freude am Experiment, an der Forschung und an der Kombination verschiedener Stilelemte. Zeigte sich in dieser Vielfalt, wie reich die klassische Formensprache an kulturellen Bezügen war, so lag darin doch bereits der Keim für den Auflösungsprozeß des Stils in seiner urspünglichen Gestalt verborgen: der Weg für den Eklektizismus des 19. Jahrhunderts war frei.

Oben Kolonade der Bank of England von John Soane (Detail).

Auf diesen beiden Seiten Queen's House in Greenwich. Die 1616 begonnenen Arbeiten wurden 1619, mit dem Tod der Königin Anne, unterbrochen und 1629–1635 vollendet. Inigo Jones, der mit diesem Werk den damals in Europa maßgeblichen klassischen Geschmack in seinem land einführte, erneuerte die noch spätgotisch beeinflußte englische Architektur von Grund auf. Er ließ sich vom direkten Stadium antiker Baudenkmäler sowie von der klassischen Architektur Palladios leiten, so daß man im Zusammenhang mit dem englischen Klassizismus gewöhnlich von Palladianismus spricht. Auf das Vorbild

der großen Renaissance-Villen Venetienes können im Queen's House die zentrale Loggia im Obergeschoß, die symmetrische Raumanordnung und die einfache Ornamentik zurückgeführt werden. Jones war der Meinung, daß der Außenschmuck gediegen, nach den Regeln proportioniert, maskulin und frei von Geziertheit, nicht aber heterogen und formenreich wie die von Michelangelo und seinen Anhängern eingeführten Dekorationen zu sein habe. Diese schienen ihm dagegen für Stuckarbeiten in Loggien und Verzierungen von Kaminen geeignet.

Unten Banqueting House in Whitehall, erbaut 1619–1622 von Ingo Jones. Das Gebäude war usprünglich als Bankettsaal des Königspalastes von Whitehall konzipiert; Jones arbeitete um 1638 an Plänen für dessen Neubau, die jedoch nie verwirklicht wurden. Das Banqueting House steht auf einem hohen Sockel in Bossenwerk, der die beiden Obergeschosse trägt. Zwischen den Fenstern finden sich Lisenen und Säulen, die im obersten Stockwerk durch einen klassischen Girlandenfries verbunden sind. Gekrönt wird das Bauwerk von einem Attika-Geschoß – etwas völlig Neues in der englischen Architektur. Rechts der

Innenraum von Banqueting House (Foto Kersting), eine einzige große Halle mit ionischen Säulen und Lisenen an den Wänden. Diese Form greift unmittelbar auf die römische Basilika zurück, wie sie von Vitruv überliefert und von Palladio wiederaufgenommen wurde. Die Deckengemälde für diesen Saal mit der Darstellung der »Wirkungen der guten Regierung Jame's I.« stammen von Peter Paul Rubens (um 1634).

Links Queen's Chapel beim St. James Palace, heute Kapelle von Marlborough House, 1623–1627 von Jones erbaut. Für die englische Sakralarchitektur waren klassische Stilelemente wie die Fassade mit Giebelfeld und der von einem Tonnengewölbe mit Kassetten gedeckte, einschiffige Innenraum eine Neuerung. Untern Lindsey House in Lincoln's Inn Fields, ebenfalls von Jones (1640). Erdgeschoß in Bossenwerk und Obergeschosse mit Lisenen in Kolossalordnung werden später Markenzeichen des englischen Stadthauses sein.

Auf den beiden vorangehenden Seiten Eltham Lodge, das einzige erhaltene Werk (1663–1664) von Hugh May. Dieser Architekt entwikkelte eine besondere Ausprägung des Klassizismus. Die für Jones und seine Nachfolger – Roger Pratt und John Webb – chrakteristische strenge Klarheit wich einfacheren, »häuslicheren« Formen. Außerdem brachte May die gemischte Ziegel- und Steinbauweise nach England, die er im holländischen Exil während der Cromwell-Ära kennengelernt hatte. Diese Materialverbindung wurde Hauptkennzeichen eines in England weitverbreiteten Haustyps, der irrtümlich den Namen »Wren-

Typ« trägt; alle zeitgenössischen Architekten standen nämlich im Schatten des berühmten Christopher Wren. Während seines langen Werdegangs bekam Wren die wichtigsten königlichen Aufträge und errichtete vor allem nach dem großen Brand von 1666 zahllose Gebäude in London, davon allein einunfünfzig Kirchen. Zu den bekanntesten gehören St. Stephen Walbrook (1672–1678), St. Mary-le-Bow (1670–1677) oben links, und St. Bride (1670–1684) oben rechts und rechts.

Auf diesen Seiten mehrere Ansichten von St. Paul's Cathedral: die Westfassade (Seite 28), die Kuppel (links oben) und die Stirnseite des Querschiffs (links unten). Die Kirche gilt als Wrens Meisterwerk im Bereich der Sakralarchitektur. Erste Pläne von 1670 sahen einen Zentralbau mit kreuzförmigem Grundriß und Kuppel vor, der stark an die Entwürfe von Bramante und Michelangelo für die Peterskirche in Rom erinnert. Doch gefiel das Vorhaben weder dem Domkapitel noch der öffentlichen Meinung; zu fest noch war die aus den gotischen Kirchen bekannte längliche Grundrißform des lateinischen Kreuzes verwurzelt. Deshalb änderte Wren seinen Plan und entwarf eine dreischiffige Basilika mit Querhaus, Chor und Kuppel, die eine hohe Fiale tragen sollte. Dieses zweite Projekt (1675) wurde angenommen, teilweise jedoch während der Bauarbeiten modifiziert: man ließ den Plan der Fiale fallen und versuchte, harmonischere Beziehungen zwischen den Partien des Innenraums herzustellen. Das äußere Erscheinungsbild bietet trotz der streng klassischen Ausrichtung von Fassade und Verzierungen auch barocke Elemente, etwa die beiden Türme der Westfront.

Auf diesen beiden Seiten: Vierung (Foto Kersting) und Kuppel (Foto Kornak) von St. Paul's. Auch das Innere des Gebäudes scheint sich an Sankt Peter anzulehnen, kennt jedoch gotische Reminiszenzen wie den langgestreckten Chor und die Vierung. Für Wrens Gesamtwerk ist die völlige Freiheit von strengen Formmodellen bezeichnend. Als Wissenschaftler, der an empirisches Vorgehen gewohnt war, entnahm er dem Formenschatz der Architektur von Fall zu Fall die für ihn brauchbarsten Lösungsmuster und setzte sie in genialer Weise für seine Zwecke ein.

Seite 1669 Generalaufseher der köngilichen Bauten wurde Wren mit der Planung wichtiger staatlicher Gebäude beauftragt. Erstes Beispiel dieser neuen Monumentalarchitektur war das zwischen 1682 und 1689 errichtete Chelsea Hospital, das Kriegsveteranen beherbergen sollte. Es besteht aus drei U-förmig zur Themse hin geöffneten Flügeln und mehreren Seitenbauten. Die in der Zwischenzeit üblich gewordene Mischbauweise in Ziegel und Stein wurde hier durchgehend verwendet. Stein diente vorwiegend zur optischen Hervorhebung der mit

Säulen und Lisenen in Kolossalordnung versehenen Eingangshallen. Oben die Eingangshalle eines Seitenflügels. Rechts der Eingang des Hauptflügels. Wren ließ sich vom Hôtel des Invalides und vom Stil der Architekten Mansart und Le Vau beeinflussen, die er während eines Paris-Aufenthalts 1665 kennengelernt hatte. In derselben Zeit traf er auch Bernini, der ebenfalls in Paris weilte, kam aber nie direkt mit der italienischen Architektur in Berührung. Er kannte sie nur mittelbar über französische Beispiele, Zeichnungen und theoretische Abhandlungen.

RUM CONDIDIT CAROLUS SECUNDUS
AUXIT JACOBUS SECUNDUS PERFECERE

John Webb, Neffe und Schüler von Inigo Jones, begann das Royal Hospital von Greenwich (unten). Er plante einen von einer Kuppel gekrönten zentralen Baukörper mit zwei Seitenflügeln, die einen großen Innenhof umschließen sollten. Damit wurde erstmals das Pavillonsystem im Krankenhausbau entwickelt. Nach diesem Projekt wurde jedoch nur der Westflügel (1662-1669) realisiert, den Wren dreißig Jahre später in seinen neu Entwurf einbezog. Es entstanden nun zwei von einem Kuppelüberbau abgeschlossene Gebäude mit Säulengang.

Links Säulengang des Royal Hospital von Greenwich, mit den mächtigen dorischen Säulen. Unten Innenhof des Königspalastes von Hampton Court. Wrens Projekt wurde teilweise von seinen Schülern ausgeführt (1689–1698). Obwohl es vom Louvre und von Versailles inspiriert ist, hat das Bauwerk einen intimeren, »häuslicheren« Charatker, vor allem wegen der Materialien – Ziegel und Stein –, die die monumentale Wirkung abschwächen. Vom ursprünglichen Plan des Architekten, einen eindrucksvolleren Palast zu bauen, sind in einigen Details noch Spuren wahrnehmbar.

Nicholas Hawksmoor, ein wie sein Lehrer nur schwer in eine stilistische Richtung einzuordnender Anhänger und Mitarbeiter Wrens, liebte rechteckige Formen und einfache Raumkörper ohne überflüssiges Schmuckwerk. Von Fall zu Fall griff er zu den verschiedensten Lösungen, so daß sich in seinen Werken Einflüsse aus der Antike, der italienischen Renaissance und dem französischen Klassizismus mit gotischen und barocken Zitaten vermischen. Die auf diesen beiden Seiten

abgebildete Kirche, St. Mary Woolnoth (1716–1727), weist überwiegend »klassische« Elemente auf, die jedoch, wie die ungewöhnliche Komposition zeigt, mit echt barocker Empfindsamheit neu interpretiert werden. Bezeichnend sind hier Struktur und Proportionen der Fassade und besonders der überraschende, irrationale Gebrauch der Säulen anstelle von Pilastern in den Ecken des inneren »Quadrats«.

James Gibbs, ein Schotte aus reicher, konservativer Familie, nimmt im Rahmen der streng klassizistischen Architektur des frühen 18. Jahrhunderts eine Außenseiterrolle ein. Gibbs knüpfte nämlich eher an das Beispiel Wrens und dessen vielschichtigen, suggestiven Stil an. Zudem war er durch seine Lehrzeit bei Carlo Fontana in Rom mit der manieristischen und barocken Architektur Italiens vertraut. In seinem ersten wichtigen öffentlichen Bauwerk, der auf diesen beiden Seiten abgebildeten Kirche St. Mary-le-Strand (1714–1717), übernahm Gibbs den halbrunden Portikus und den Glockenturm von Wren; man vergleiche das Querhaus von St. Paul's und den Turm von St. Stephen Walbrook. Statt der häufigeren Kolossalordnung weisen die Längsseiten, wie bei St. Paul's, zwei übereinanderliegende Säulenordnungen auf. Diese Gliederung dürfte von der Profanarchitetur inspiriert sein: in unserem Fall wurden Beziehungen zum Palazzo Branconio dall' Aquila in Rom, einem aus Stichen und Zeichnungen bekannten Werk Raffaels, festgestellt.

Links Ansicht von Trafalgar Square mit St. Martin-in-the-Fields im Hintergrund. Unten eine weitere Aufnahme der berühmten, 1721–1726 von Gibbs erbauten Kirche. Sie wurde zum Modell für die anglikanische Pfarrkirche und wurde nicht nur in England, sondern auch in den Kolonien häufig nachgeahmt. St. Martin hat einen rechteckigen Grundriß; den korinthischen Säulen des Portikus an der Fassade entsprechen Lisenen in Kolossalordnung an der Längsseite. Mit dem besonders am Giebelfeld hervortretenden klassischen Charakter des Gebäu-

des kontrastiert der barocke Glockenturm, der Wrenschen Vorbildern nachempfunden ist. Auf den beiden folgenden Seiten: Das Innere der Kirche ist in drei Schiffe zu fünf Jochen unterteilt. Korinthische Säulen mit hoher Basis und Gebälk-»Fragmenten« tragen das Gewölbe. Damit hat die Säule als tragende Struktur des Gebäudes und verbindendes Element zwischen Boden und Gewölbe eine grundlegende Funktion in der ganzen Konstruktion. Für die Innendekoration berief Gibbs die italienischen Stukkateure Artari und Bugatti.

Auf diesen beiden Seiten: Chiswick House, das Wahrzichen des englischen Neupalladianismus. Diese von Richard Boyle Burlington 1725–1736 erbaute Villa wurde in ganz England imitiert und trug mehr als jedes andere Bauwerk zur Verbreitung des neuen architektonischen Geschmacks bei. In streng klassizistischem Stil gehalten, weist Chiswick House keine Zugeständnisse an barocke oder manieristische Einflüsse auf. Lord Burglinton hatte auf Italien-Reisen das Werk Palladios kennengelernt und ließ sich in diesem Fall von der Villa Rotonda inspirieren. Das Zentrum von Chiswick House bildet jedoch kein

runder, sondern ein achteckiger Raum, der einem Quadrat einbeschrieben ist und um den sich in einem zweiten, äußeren Quadrat die Zimmer gruppieren. In der Gestaltung der Außenfronten scheint sich Burlington stärker von seinem Vorbild zu lösen: nur auf einer Seite findet sich ein Portikus, während die Kuppel eher auf Scamozzi als auf Palladio zurückgeht. Außerdem wählte er für die Fenster der parkzugewandten Fassade und der beiden Seitenwände die Form der Serliana *anstelle der nur an der Eingangsfornt verwendeten Fenster mit Dreiecksgiebeln.*

Unten Chiswick House, Hauptfassade. Rechts zwei Ansichten des von William Kent 1729 angelegten Parks. Kent gilt als einer der Väter des englischen landscape garden. *In der Tat brachte er ein neues, in England gegen Ende des 18. Jahrhundert entstandenes Naturgefühl zum Ausdruck, das den zwanghaft geometrischen Formen der französischen Gärten einen freieren Umgang mit der Natur entgegensetzte; sein Werk gehört jedoch noch in eine Übergangsphase, in der die aus älteren Modellen übernommene axiale Struktur mit langen, geraden Wegen*

beibehalten wurde. Die endgültige Entwicklung des Englischen Gartens blieb Lancelot Brown, einem Mitarbeiter Kents, vorbehalten. Dieser verzichtet auf Symmetrien und Perspektiven in der Raumaufteilung und schuf eine erzählerische Kontinuität ohne Beobachtungspunkte und vorgefaßte Blickrichtungen. Diese für den neuen Stil grundlegenden Elemente sind bereits in Chiswick vorhanden: unregelmäßige Wäldchen, kurvige Wege, Teiche und Wasserläufe, Pavillons und Brücken.

Das Innere von Chiwick House zeigt eine Raumanordnung, die Lord Burlington aus einem anderen Palladio-Bau, Palazzo Thiene in Vicenza, kannte und die in England im 18. Jahrhundert größten Erfolg haben sollte: zwischen zwei achteckigen oder runden Zimmern liegt ein länglicher Raum, die Galerie, deren Schmalseiten als Apsiden ausgeführt sind. Auf der gegenüberliegenden Seite die Galerie der Villa. Die Apsis hat zwei Nischen zur Aufnahme von Statuen, ein in dieser Art von Gebäuden bald weit verbreitetes Motiv. Unten eines der beiden runden Zimmer, mit wertvollen Stuckdekorationen. Auf den

beiden folgenden Seiten die Decke eines beim Eingang gelegenen Zimmers. Die auch an Tapeten, Tür- und Fensterrahmen dominierende Farbe, ein intensives Blau, ist für ein Palladio nachempfungenes Bauwerk ungewöhnlich und kommt eher barockem Geschmack nahe. Die farbigen Verzierungen, Grotesken und Stukkaturen – übrigens typische Renaissance-Ornamente – verraten ein Stilempfinden des 17. Jahrhunderts, das man Burlington, dem Theoretiker des Klassizismus, nicht zugetraut hätte.

Links Treasury Office (1734), eines der ersten Werke von William Kent, der sich dabei an den von Jones geplanten Whitehall Palast anlehnte. Kent hatte 1727 eine Sammlung von Zeichnungen von Inigo Jones publiziert und damit einen grundelegenden Beitrag zum Neupalladianismus geleistetk. Denn in Jones sah man nicht nur den ersten Architekten, der den Stil Palladios in England eingeführt hatte, sondern auch den strengsten Vertreter des klassizistischen Stils. Unten Horse Guards, Kents letztes, erst nach seinem Tod von John Vardy vollendetes Werk (1750–1758). Hier nahm Kent das Beispiel von Holkham Hall in

Norfolk wieder auf. Diese große, 1734 begonnene Landresidenz gilt als ein Hauptwerk. An ihr Vobild erinnern insbesondere die beiden vorspringenden seitlichen Türme, das Motiv des doppelten Gesimses, das die Stockwerke voneinander absetzt, und die Gliederung der Flügel. Zusätzlich erhielt Horse Guards einen zentralen Turmaufbau, der das Gleichgewicht des Ganzen jedoch stört.

Auf diesen beiden Seiten Fassade und Treppenhaus des Wohnhauses 44, Berkeley Square, das Kent für Isabella Finch, eine Verwandte von Lord Burlington, 1742–1744 erbaute. Es handelt sich um den ersten Versuch, ein Stadthaus ähnlich prunkvoll wie einen Adelslandsitz oder öffentlichen Palast zu gestalten. Besonderes Interesse verdient die Konstruktion der Treppe. Sie ist einem elliptischen, mit zwei Apsiden versehenen Raum einbeschrieben und wird von oben beleuchtet. Auf der Höhe des ersten Stockwerks verdeckt eine Reihe ionischer Säulen einen Teil des zweiten Treppenabschnitts, der an der Apsiswölbung entlang zum Balkon des dritten Geschosses führt. Der monumentale und bühnenhafte Charakter des Ganzen wird durch die Reichhaltigkeit der Dekorationen – Stukkaturen, Goldverzierungen, Skulpturen und Schmiedearbeiten – noch verstärkt.

Sommerset House wurde 1547–1552 von John Thyme für Edward Seymour, Herzog von Somerset und Lordprotektor von England während der Unmündigkeit Edwards VI., mit großem quadratischen Innenhof und Eingang zum Strand errichtet. Nachdem Inigo Jones es um 1637 erheblich verändert hatte, um eine neue Residenz für die Mutter des Königs daraus zu machen, wurde das großartige Gebäude 1775 abgerissen. An seiner Stelle entstand ein großer Komplex zur Aufnahme von Regierungsbehörden, der fälschlich ebenfalls Somerset

House genannt wurde. Architekt des Neubaus war William Chambers. Er hielt sich an die Anordnung der Baukörper um einen zentralen Innenhof, den er auf der Nordseite, zum Strand hin, durch ein getrennt stehendes Gebäude abschloß (links). Dieser stark am Vorgängerbau orientierte Flügel konnte 1780 vollendet werden, kurz danach auch die vom Hof gelegene Front. Erst nach Chambers Tod führte man nach seinen Zeichnungen die auf der Flußseite gelegenen Flügel aus (unten).

Links Stirnseite eines der beiden Anbauten, die zwischen 1853 und 1856 dem flußzugewandten Flügel von Somerset House hinzugefügt wurden. Diese Erweiterung änderte die Symmetrie des ursprünglichen Baus erheblich. Doch bemerkte Summerson, daß bereits vor diesen Eingriffen Somerset House keine organische Anlage war und trotz seiner beeindruckenden Ausmaße nie wirkliche Erhabenheit ausgestrahlt hatte. Wie die meisten Architekten dieser Epoche habe Chambers seinen Stil im Wohnhaussektor ausgebildet. Deshalb fehle ihm das nötige Rüstzeug, um einen rundum gelungenen Monumentalbau zu verwirklichen. Die Analyse von Somerset House zeige, daß seine Vorzüge genau dieselben sind, die man sich auch von einem städtischen Wohnhaus oder einer Landresidenz erwarten würde. Es handelt sich also um ein im Detail, aber nicht als Ganzes geglücktes Werk. Zweifellos ging Chambers, einem erfahrenen Innenarchitekten, die Gestaltung der Interieurs besser von der Hand. Rechts ein Zimmer des Palastes.

Auf diesen beiden Seiten zwei Aufnahmen aus den Innenräumen von Somerset House. Die von Chambers entworfene Ausstattung erinnert sehr an die Arbeiten von Robert Adam, seinem Zeitgenossen und Rivalen, mit dem er sich das Amt des Königlichen Architekten teilte. Für die Stilentwicklung beider Konkurrenten war nicht nur der Neopalladianismus, sondern auch der französische Neoklassizismus wichtig (Chambers hatte seine Ausbildung bei Blondel in Paris begonnen). Die französische Richtung strebte zwar ebenfalls die Rückkehr zur klassischen Reinheit an, hatte jedoch zu kultivierteren, verfeinerten Formen gefunden.

Unten Adelphi Building nach einem alten Stich. Der große Wohnkomplex an der Themse, von Robert Adam zusammen mit seinem Bruder James zwischen 1767 und 1772 erbaut, wurde kurz vor dem Zweiten Weltkrieg abgerissen. Die lange Front endete auf beiden Seiten mit Risaliten, um eine auflockernde und zugleich abschließende Wirkung zu erzielen; sie waren mit Lisenen in Kolossalordnung versehen. Als Hauptmaterial für die Gebäude verwendete man Ziegel, mit Verzierungen in Stein oder Terrakotta (Foto J. Soane Museum).

Links der Haupteingang der Bank of England. Das mitten in der City errichtete, einen ganzen Häuserblock umfassende Gebäude wurde von George Sampson begonnen (1732–1734), von Robert Taylor erweitert (1766–1783) und schließlich von John Soane völlig umgebaut (1788–1833). Soane entwarf neben vielen anderen Räumen den Saal für die Börse, ersetzte die von Taylor stammende Rotunde durch eine neue und schuf eine Fassade mit korinthischer Säulenordnung (Detail unten). Er ist wohl eine der interessantesten Persönlichkeiten in der englischen Architektur und steht am Übergang vom neoklassizistischen

Geschmack des ausgehenden 18. Jahrhunderts zum Eklektizismus des 19. Jahrhunderts: aus seinem eigenen haus (dem heutigen Soane Museum) machte er ein ausgeklügeltes Sammelsurium der verschiedensten Kunstgattungen und Stilrichtungen; das Gebäude selbst war als verfallenes mittelalterliches Kloster konzipiert und sollte alle möglichen Kunstgegenstände aufnehmen. Zwischen 1930 und 1940 wurde der Sitz der Bank of England von Herbert Baker radikal modernisiert.

Unten Buckingham Palace. Die von John Nash 1825–1830 errichtete Königsresidenz ersetzte ein Gebäude des 18. Jahrhunderts, das dem Herzog von Buckingham gehört hatte und an Georg III. verkauft worden war. Rechts Park Crescent im Regent's Park von John Nash (1812). Es handelt sich um eine Reihe von im Halbkreis angeordneten (wörtlich bedeutet crescent *Halbmond), einheitlich gestalteten Appartements, eine erstmals von John Wood 1761 in Bath angewandte bauform. park Crescent ist Teil eines größeren städtebaulichen Vorhabens, der Anlage von Regent's Park und Regent Street. Dieses für die Entwicklung Londons außerordentliche wichtige Projekt schließt auch andere Appartementhäuser ein – Cumberland Terraces, Chester Terraces, York Terraces –, außerdem Plätze, Straßen, Kolonnaden, Monumentaleingänge und Parkanlagen. Damit wurde ein ländliches Gebiet in ein Wohnviertel verwandelt und über Regent Street mit dem älteren Stadtzentrum verbunden.*

Auf den beiden vorangegehenden Seiten Charlton House Terraces, erbaut von John Nash zwischen 1827 und 1833. Die doppelte Häuserreihe zu je neun Appartements hat im Erdgeschoß eine lange dorische Kolonnade, in den Obergeschossen korinthische Säulen in Kolossalordnung. Unten die National Gallery, erbaut von William Wilkins 1832–1838. Hier setzte sich eine besondere Ausprägung des Klassizismus, die neohellenistische Architektur, durch. Die Beschränkung auf die griechische Antike als Inspiritaionsquelle in jener Zeit erklärt sich sowohl aus dem Einfluß der archäologischen Bildung, durch die der

Interessierte mit den Ursprüngen des Klassizismus direkt in Berührung kam, als auch aus der typisch romantischen Vorliebe für die griechische Welt und ihre bürgerlichen und moralischen Tugenden. Damit läßt sich diese Orientierung jedoch auch in den größeren Zusammenhang des im 19. Jahrhundert vorherrschenden Geschmacks am revival *einordnen. Dieselbe Formensprache liegt der großen ionischen Kolonnade von Decimus Burton (1825) in Hyde Park Vorner (unten) zugrunde: sie ist Teil einer umfangreichen Anlage im Hyde Park.*

Auf diesen beiden Seiten Außenansicht und Salon des Reform Club. An dem von Charles Barry 1837 errichteten Gebäude, einem Paradebeispiel für den Stil der Neorenaissance, wird der Unterschied zwischen diesem revival *und dem Palladianismus besonders deutlich. Während damals Palladio als Beispiel für Ordnung und klassische Form betrachtet wurde, versuchte man nun, den Geist der italienischen Kultur des 16. Jahrhunderts wiederzubeleben. Vorbild für den Reform Club war der Palazzo Farnese von Michelangelo, den noch Jones für überladen und affektiert gehalten hatte.*

Inhalt